ORAISON FUNÈBRE

DE

L'ILLUSTRISSIME ET RÉVÉRENDISSIME

MONSEIGNEUR

RENÉ-FRANÇOIS SOYER,

ÉVÊQUE DE LUÇON,

Prononcée dans la Cathédrale de Luçon, le jour du Service du Prélat, le 10 Juin 1845, par M. l'Abbé A. MENUET, Vicaire-Général-Capitulaire du Diocèse.

PRIX, 75 centimes.

FONTENAY-LE-COMTE,

GAUDIN FILS, Imprimeur de l'Évêché de Luçon.

PARIS,

Adr. LE CLÈRE ET Cⁱᵉ, Imprimeurs de N. S. P. le Pape et de Mᵍʳ l'Archevêque de Paris, rue Cassette, Nᵒ 29.

1845

ORAISON FUNÈBRE

DE

L'ILLUSTRISSIME ET RÉVÉRENDISSIME

MONSEIGNEUR

RENÉ-FRANÇOIS SOYER,

ÉVÊQUE DE LUÇON,

Prononcée dans la Cathédrale de Luçon, le jour du Service du Prélat, le 10 juin 1845, par M. l'Abbé A. MENUET, Vicaire-Général-Capitulaire du Diocèse.

Esto firmus in viâ Domini, et in veritate sensûs tui et scientiâ, et prosequatur te verbum pacis et justitiæ.

Soyez ferme dans la voie du Seigneur, dans la vérité de vos sentiments et dans votre science, et que la parole de paix et de justice vous accompagne toujours.

Eccli. 5. 12.

MONSEIGNEUR, (1)

MESSIEURS,

A la vue d'un auditoire si nombreux et si imposant, je me replie avec frayeur sur moi-même, et je suis forcé de me demander pourquoi je viens prendre la parole au milieu de vous dans une pareille solennité.

(1) Monseigneur l'Evêque de Nantes.

1.

Je le sens , et mon cœur me le dit bien haut :
c'est au pied de ce catafalque que je devrais
me prosterner , priant avec vous et plus que
vous pour le vénérable Prélat que la mort vient
de ravir à notre tendresse et à notre amour. Là ,
sous l'ombre de ces draperies lugubres , je lais-
serais couler en liberté des larmes que je retiens
avec peine , et qui soulageraient si délicieusement
un cœur que la douleur oppresse : douleur à
laquelle pourtant il faut imposer un silence pénible et rigoureux.

Vous l'avez voulu ainsi , vous mon ami et
mon collègue dans l'administration de ce diocèse
(1). Vous avez connu le respect et l'attachement
tout filial que j'avais voués à cet oncle , objet
éternel de nos regrets communs , et vous m'avez
chargé de venir raconter à tous les vertus publi-
ques et les vertus privées de celui qui pendant
vingt et un ans daigna m'associer à son administration , et pendant quinze années me fit
l'honneur de m'admettre dans son intimité, et me
rendit le témoin continuel des rares talents et
des éminentes qualités que le ciel avait mis en lui.

(1) M. l'Abbé Soyer , Vicaire-Général-Capitulaire.

Honoré de la confiance et de l'amitié de mon Évêque , je vous parlerai , M. F. , de ce que je sais et surtout de ce que j'ai vu. J'ai dans mon cœur et dans ma mémoire tout ce qui peut rendre ce discours intéressant. Je regrette vivement de n'avoir pas à ma disposition ces ressources oratoires , ces tours brillants d'un style qui charme et entraîne ; je serais assuré d'un succès que vous attendez sans doute dans un si beau sujet ; mais ce qui me manquera de ce côté , vous ne devrez l'attribuer qu'à moi ; vous plaindrez ma faiblesse , et vous n'en admirerez que plus les dons précieux de l'esprit et du cœur que Dieu se plut à réunir dans la personne de l'Illustrissime et Révérendissime Monseigneur René François SOYER , Évêque de Luçon , à la mémoire duquel je consacre ce discours.

Il n'entre point dans mon plan , M. F. , de prendre à son berceau le saint Evêque que nous pleurons , et de le suivre pas à pas jusqu'au moment où l'huile sainte coula sur sa tête , et qu'il apparut à vos regards portant avec tant de noblesse et d'assurance les insignes de l'épiscopat. Je ne dirai point non plus tout ce qu'il a fait de grand pendant les vingt-quatre années de son pontificat. Sa vie de Prêtre et d'Évêque est trop pleine pour être renfermée dans le câdre étroit d'une oraison funèbre. Je prendrai presqu'au hasard quelques-uns de ces traits qui caractérisent un homme , le montrent dans tout son jour et le font connaître à toutes les époques de sa vie.

M. Soyer naquit , le 5 Septembre 1767 , dans la paroisse de -Thouarcé , au diocèse d'Angers. Sa famille était peu riche , mais depuis long-temps distinguée par de rares vertus , et avait déjà fourni à l'église ainsi qu'à l'armée des hommes pleins de science et d'honneur.

Les ressources de la modeste fortune suffirent néanmoins pour lui faire donner , ainsi qu'à trois frères , qui venaient après lui , une éducation forte et chrétienne ; éducation qui devait procurer à l'église un de ces grands évêques qui devait l'honorer dans ces derniers temps , et à la patrie trois braves officiers aussi remarquables par la constance de leur courage , que par la modération avec laquelle ils traitaient un ennemi vaincu. L'un préludait déjà , par la fermeté de son ca-

ractère , à cette vie si belle et si pleine qui vient
de s'éteindre au milieu de nous : les trois autres
à ces vertus guerrières qui devaient obtenir, pour
récompense du sang si noblement répandu sur
les champs de batailles , des distinctions glorieu-
ses auxquelles tous les partis applaudirent.

Déjà le jeune homme que Dieu a marqué
pour son sanctuaire a terminé ses premières études
avec des succès incontestables et presqu'enviés
par ses nombreux condisciples , si distingués eux-
mêmes , et que renfermait en foule, à cette
époque, le beau collége de Château-Gontier.

Des études plus sérieuses et plus appropriées
au saint état auquel il se destinait , l'appelèrent
dans la capitale de l'Anjou. Angers offrait alors
à l'émulation des jeunes clercs une faculté de
théologie fortement constituée , et dans laquelle
de jeunes ecclésiastiques des provinces voisines
se rendaient en grand nombre , pour y prendre
des degrés , et y recevoir le titre de docteur en
théologie , titre si vivement ambitionné par tous,
et qui échappait pourtant à l'ambition de plusieurs. C'est que pour ces études fortes et sé-

rieuses , il ne fallait pas seulement une application constante et soutenue , mais encore une grande solidité d'esprit , un jugement sain et une haute capacité.

Les Sulpiciens , ces hommes si habiles dans l'art de former de savants et parfaits ecclésiastiques , tenaient le séminaire d'Angers. Les sujets les plus distingués de cette célèbre compagnie se trouvaient alors à la tête de cet établissement. A l'arrivée de M. l'abbé Soyer dans cette maison , venait d'en partir ce savant et modeste M. Emery , qui fut nommé , en 1782, Supérieur-général de St. Sulpice. Prêtre admirable que les tempêtes de la révolution laissèrent debout, après lui avoir fait souffrir mille épreuves cruelles, et que, plus tard, l'Empereur Napoléon, aimait à appeler dans ses conseils , lorsqu'il voulut redresser les autels et rétablir la religion. M. Duclaux , autre savant Sulpicien , remplaça M. Emery , à Angers, comme il devait le remplacer plus tard au séminaire de St. Sulpice. Ce fut sous lui que notre jeune séminariste commença ses études théologiques. Il est de ces maîtres sous lesquels il suffit d'avoir passé comme

élève, pour obtenir un de ces cachets de célé-
brité qui honorent pour le reste de la vie.

M. l'abbé Soyer avait terminé sa licence, avec
un grand succès, et se préparait avec ardeur à
ces dernières études qui devaient lui procurer
l'insigne honneur du doctorat.

La révolution vint l'arrêter au moment où il
allait saisir ce noble prix de ses longs et pénibles
travaux. Il avait toute la science du docteur,
il ne lui en manqua que le titre. Il venait d'être
ordonné diacre, lorsque la tourmente révolutionnaire vint se déchaîner sur notre belle France,
renversant et dispersant, sur son passage, tout
ce que la sagesse de nos pères avait élevé, avec
tant de soins et de dépenses, pour la gloire de
la religion et le bonheur de leurs enfants.

Vous vous souvenez encore, M. F., de ces
jours lamentables, que plusieurs de ceux qui
m'écoutent ont vus, et que nous ne connaissons,
nous plus jeunes, que par les récits de ceux qui
nous ont donné le jour, et qui furent les tristes
victimes, ou les désolés témoins de ces épou-

vantables malheurs. Ces malheurs furent tels que l'Eglise de France, cette belle et magnifique institution, qui portait sa gloire si haut et si loin, se trouva à deux doigts de sa ruine. Que Dieu eût laissé faire quelque temps encore, et c'en était fait de la foi parmi nous ; de cette foi que nous tenions de nos pères, et qu'ils nous avaient léguée comme le plus précieux de tous les héritages.

Un serment hérétique et impie fut demandé aux évêques et aux prêtres. Sur cent trente-sept évêques, quatre seulement furent assez lâches pour sacrifier leur conscience à la peur, la plus vile et la plus déshonorante des passions qui tourmentent le cœur de l'homme.

Bientôt après, les Évêques et les Prêtres restés fidèles à leur foi, furent poursuivis, traqués, emprisonnés, déportés, égorgés. L'instrument de mort inventé, sans doute, afin qu'on pût abattre en moins de temps un plus grand nombre de têtes, l'instrument de mort parcourait la France entière, et se dressait, de préférence, à la porte de nos temples, parceque c'était du tem-

ple que devait presque toujours lui venir sa première victime. C'était au Prêtre, condamné à
mort d'avance, qu'était réservé le triste honneur
d'essayer la hache du bourreau. Ce n'était qu'après
lui qu'on voyait monter sur l'échaffaud les chrétiens fidèles qui avaient eu le courage d'abriter
sa vie, et de le cacher pour le soustraire au trépas
qui le poursuivait.

M. l'abbé Soyer, jeune diacre seulement, comprit toute l'étendue du danger. Il n'oublia point non
plus l'étendue de ses devoirs; formé à l'école de
la science et de la vertu, il ne permit point au
doute d'entrer dans son esprit, ni à la crainte de
venir ébranler son cœur. Immobile et ferme,
comme un rocher que les tempêtes de l'Océan
couvrent de leur écume sans le renverser, il vit
avec une douleur extrême les honteuses apostasies de quelques confrères, sans reculer d'un pas
sur le chemin de la foi et de la vertu. Sa foi
était si vive, si ferme et si éclairée en même
temps, que n'étant encore que diacre, il for-
tifia plusieurs de ses confrères, même ceux qui
étaient Prêtres déjà, dans la fidélité qu'ils devaient
à Dieu et à son église. Il écrivit même, à cette

époque , un Opuscule auquel il eut la modestie de ne pas attacher son nom , et qui combattait victorieusement les principes de l'église constitutionnelle.

Ce fut au milieu de ces orages qui grondaient de toutes parts , et qui portaient d'un bout de la France à l'autre la tempête et la mort, qu'il se rendit à Paris , où il fut ordonné Prêtre , le 25 septembre 1791 , par les mains de Monseigneur de Bonal , évêque de Clermont. La fermeté et le courage de l'Evêque demeuré fidèle au milieu des dangers , passèrent , en quelque sorte, dans l'âme et dans le cœur du jeune Prêtre qu'il venait d'ordonner.

A peine revêtu du sacerdoce , M. l'abbé Soyer comprit qu'il se devait tout entier aux besoins de l'église de France. Il pouvait aller chercher, comme tant d'autres , un asyle et du repos sur une terre étrangère. L'Allemagne , l'Angleterre , l'Italie , l'Espagne ouvraient généreusement leurs portes aux débris du sanctuaire que la fureur révolutionnaire avait dispersés. Les besoins de la patrie le réclamaient, il ne voulut point de l'hospitalité étrangère.

A travers mille périls , il revint de Paris à Poitiers et à Bordeaux, et dans l'une et l'autre de ces deux villes , son zèle ne lui permit pas de rester oisif. Pendant le jour , à l'aide d'un dé-guisement, pendant la nuit , à la faveur des ténèbres , il se rendait au lit des malades , pour les consoler et les préparer à ce terrible passage du temps à l'éternité. Il pénétrait avec un courage incroyable jusques dans les prisons , où il trouvait encore moyen de confesser , de bénir , de réconcilier avec Dieu de nobles et malheureuses victimes qui invoquaient son zèle et sa charité.

En 1795 , un traité de paix fut signé entre les armées royales et les troupes de la république. M. l'abbé Soyer en profita pour rentrer dans sa chère Vendée , non pas pour combattre dans les rangs des Vendéens , comme la malice et l'ignorance l'ont répété plusieurs fois. Il était Prêtre , et il connaissait trop bien ses devoirs , pour aller ainsi ouvertement contre les lois de l'Église qui défend l'usage des armes à ses ministres. Il y rentra pour apprendre à tous à pardonner , à aimer et à mourir dans les sentiments qui font le parfait chrétien.

Ce ne fut pas même au milieu des armées royales qu'il voulut paraître : caché dans les fermes et les métairies, pour éviter les dangers que couraient encore les Prêtres fidèles , malgré cette première pacification , obligé de coucher souvent dans les haies ou dans les genêts de nos bocages , il portait pendant la nuit les secours de son ministère aux malheureux que la mort appelait , ou s'exposait pendant le jour , pour aller , bien loin souvent , baptiser de pauvres enfants , ou bénir de jeunes époux qui réclamaient de lui cet acte religieux qui devait sceller leur union.

Chanzeaux , intéressante paroisse de l'Anjou , nous redirait encore aujourd'hui , M. F. , les prodiges de courage et de dévouement de celui qui sera l'objet éternel de leurs regrets , comme il l'est et le sera des nôtres. Le tableau d'une première communion de deux cents enfants , au milieu d'une vaste prairie , en 1799 , et non loin des armées de la république , a été dessiné de main de maître. Je me garderai d'y toucher, dans la crainte de le rendre méconnaissable. Qu'il vous suffise de savoir que le zèle de M. l'abbé

Soyer ne pouvait être satisfait que lorsqu'il avait consolé et encouragé les mourants, baptisé les enfants qu'on apportait en foule aux lieux qui protégeaient sa vie, béni les époux qui venaient se jurer, à ses pieds, une fidélité éternelle, catéchisé et instruit les ignorants qu'il admettait ensuite à la Sainte Communion, et dans les cœurs desquels demeuraient gravés l'amour de Dieu, le pardon des injures avec l'impérissable souvenir du bon Prêtre qui s'exposait chaque jour, au péril de sa vie, pour assurer leur salut, et leur ouvrir les portes du ciel. Que la haine et l'envie se taisent donc à jamais, devant le récit tout simple d'une vie qui fut toujours, pendant les malheurs de la Vendée, consacrée à la prédication du pardon des injures, à la pratique de la charité, de cette charité toute sacerdotale qui ne connaît ni amis, ni ennemis, et donne à tous indistinctement.

Cependant, M. F., le Seigneur qui avait si cruellement puni la France, se souvint de cette précieuse portion de son héritage. Le sang de ses Martyrs, les prières de ses Prêtres et de ses enfants fidèles, ont désarmé le bras de sa justice.

De beaux jours vont luire encore pour notre patrie désolée. Cet homme extraordinaire que Dieu avait suscité dans sa sagesse pour faire respirer la France et relever ses autels abattus : ce guerrier, déjà fameux par ses combats et par ses victoires, est pris, tout à coup aux pieds des Pyramides, par la main du Tout-Puissant, et transporté, presqu'à son insu, jusques dans le palais de nos Rois, palais désert de sa gloire, souillé par le crime, et que le crime seul habitait. Bonaparte, d'un coup de cette brûlante épée qui grava son nom à côté de celui des Pharaons sur les obélisques de l'Egypte, frappe la terre de France qui tremble sous ses pas. L'anarchie jette un regard d'effroi sur le héros qui la chasse, et va cacher sa tête hideuse au fond des abymes.

L'édifice social, ébranlé jusques dans ses fondements, touchait à sa ruine. La main du héros ne pouvait seule reconstituer la France, cette France si belle, si glorieuse, si respectée autrefois, maintenant dévorée au dedans par la guerre civile, et obligée encore de faire face à l'Europe entière coalisée contre elle. A la Religion seule appartenait de ramasser pièce à pièce les tristes et glorieux débris de notre ancienne puissance, et de remettre chaque chose à sa place. Bonaparte le comprit, et c'est elle qu'il appela à son se— cours. Un Concordat fut signé avec le Pape, et la paix fut rendue à l'Eglise. Dès avant cette époque, M. l'abbé Soyer, qui se trouvait sur les lieux, avait pris possession de la cure de la Salle, dans laquelle il cherchait à cacher ses vertus, et les rares talents que le ciel lui avait départis.

Des talents, M. F., tels que ceux dont je parle, savent percer et se faire jour, en dépit des précautions que prend, pour les cacher, celui qui les possède. Monseigneur de Pradt, Evêque de Poitiers, découvrit ce riche trésor ren— fermé dans un lieu obscur. Il manda le jeune Prêtre près de lui et en fit son Grand—Vicaire. M. l'abbé Soyer ne resta point au-dessous des espérances qu'il avait fait concevoir. Son Evêque admirait en lui un tact fin et délié, un travail éminemment facile, et par-dessus tout, une aptitude admirable pour l'administration d'un vaste diocèse. Talents remarquables que nous avons tous su apprécier et auxquels ceux qui le jugeaient avec le plus de sévérité ont eux-mêmes rendu justice. Dès lors, il ne tint qu'à M. l'abbé Soyer de se voir nommer, par l'Empereur, à un évêché. M. De Pradt, dont la puissance était sans bornes, le conjurait de laisser faire. Sa modestie lui fit refuser ce dont il était déjà si digne et si capable.

Je dépasserais les bornes que je me suis prescrites, M. F., si j'entreprenais de vous raconter les merveilles opérées sous l'administration si longue de M. l'abbé Soyer, devenu Vicaire-Général-Capitulaire de Poitiers. Le siége vaqua dix ans ; dix ans les Poitevins admirèrent ce génie créateur qui marche toujours sans se reposer, et qui ne se repose que pour créer encore. C'est à eux qu'il appartient de nous lire les belles pages de cette vie si pleine d'actes d'une administration tout à la fois si courageuse et si ferme. Sa fermeté parut quelquefois, je le sais, rigoureuse à quelques esprits prévenus; mais il ne faut pas oublier, pour le juger équitablement, quelle influence funeste la révolution française avait exercée sur les hommes et sur les choses, et quelle fermeté

était nécessaire pour relier le présent au passé ,
et rétablir les saintes règles de la discipline.
Malgré tout , justice entière lui a été rendue , et
la Vienne et les Deux-Sèvres sont encore sous le
poids de la reconnaissance la plus vive pour ces
fondations d'Ecoles , de Pensionnats , de Sémi-
naires , qui manquaient á ces deux départements.
Poitiers, son Pensionnat du Sacré Cœur et son école
des Frères de la Doctrine Chrétienne; Montmorillon
et ses savants maîtres; Bressuire, et ses nombreux
élèves : voilà ce qui marque glorieusement dans
l'administration capitulaire du diocèse de Poitiers.

Aussi , M. F. , à voir à l'œuvre cet ouvrier
infatigable , et auquel le succès ne fit jamais défaut , serons-nous surpris de voir le Grand-
Aumônier de France remarquer un si beau talent
qu'entourait tout un cortége de brillantes vertus ,
et le désigner au Roi , comme ayant toutes les
qualités désirables pour faire un digne et saint
Evêque?...

La restauration avait apporté à la France la
paix dont elle avait si grand besoin. L'Eglise
pleurait encore sur des plaies qui n'étaient pas

3.

cicatrisées. L'Empereur les avait sondées ces plaies , et il s'était promis de les guérir. Les guerres désastreuses de 1811 à 1814 absorbèrent tous les soins , toute l'activité et toute l'intelligence de cet homme extraordinaire. C'est ce qui l'empêcha de réaliser plusieurs projets qui auraient été utiles à l'Eglise. L'Assemblée constituante avait ordonné que chaque département aurait son Evêque. C'était une mesure de haute portée politique et dont la religion aurait retiré les plus grands avantages. Vous le comprenez en effet , M. F. , les circonscriptions diocésaines faites par le Concordat de 1801 , laissaient l'Eglise de France dans un état de gêne qui neutralisait son zèle et enchaînait ses progrès. Que peut en effet , pour le bien , un Evêque seul , souvent avancé en âge , et presque toujours épuisé par les travaux d'un ministère pénible ? Que peut-il lorsqu'il a deux départements à parcourir et huit ou neuf cent mille âmes à gouverner ?

La restauration comprit , qu'il était d'une politique éclairée et religieuse, de faire revivre , sur ce point , les projets de la Constituante , et de donner à chaque département son Evêque , comme il avait déjà son Préfet et son Général. Des difficultés sans nombre vinrent embarrasser, entraver et enfin faire échouer cette idée si sage et si éminemment catholique.

Un Concordat fut signé en 1817, entre le Souverain Pontife et le Roi de France. Trente nouveaux siéges seulement furent rétablis. A cette époque, la Charente-Inférieure et la Vendée ne formaient qu'un seul diocèse gouverné avec une rare sagesse, il est vrai, par le vénérable Monseigneur Paillou, dont la mémoire est impérissable parmi nous, parmi nous surtout qui avons été ses enfants et consacrés par ses mains dans le sacerdoce de Jésus-Christ. Mais quel diocèse, M. F., que celui qui, commençant à l'embouchure de la Loire, s'étendait jusqu'à celle de la Gironde ! Diocèse immense pour les distances à parcourir, avec plus de huit cent mille âmes à conduire !

Luçon fut un des trente Évêchés rétablis par le Concordat de 1817. Il méritait cette faveur ce siége érigé en 1317, et occupé par trente-sept Évêques presque tous célèbres, ou par l'illustration de leur naissance, ou, ce qui est infiniment préférable, par l'éclat de leurs talents et de leurs vertus. Le nom de Monseigneur Soyer ajouté à ce catalogue brillant ne devait point le déparer.

La guerre civile avait ravagé nos contrées ; les monuments des temps anciens avaient disparu. L'Évêché de Luçon avait perdu toutes ses archives, sa magnifique bibliothèque, ses mémoires, ses procès-verbaux de visites pastorales, ses comptes rendus de l'officialité diocésaine, tout avait disparu dans cette tempête qui emporta tant de choses. C'était une nouvelle création à faire. Il fallait pour présider à la résurrection de ce siége un de ces hommes que le travail trouve infatigable, et qui sait se roidir contre les obstacles qui s'opposent à l'accomplissement du bien qu'il a conçu. Monseigneur Soyer fut désigné pour ce siége ; c'était un trait de la Providence qui nous avait choisi un des plus capables parmi les trente qui furent appelés avec lui à l'Épiscopat.

Le 21 octobre 1821, il fut sacré à Paris, et quelques jours après il arrivait dans sa ville épis-

copale. Il avait hâte de venir vous dire à tous,
bons habitants de la Vendée, combien il y avait
de sympathie dans son cœur pour vous, et avec
quelle ardeur il venait vous consacrer une vie
dont toute la gloire devait vous appartenir.

Avec quel empressement ne se mit-il pas à
l'ouvrage ? Il n'est pas encore chez lui : son Palais
Épiscopal est encore à l'usage des élèves de son
Petit Séminaire, et déjà il s'occupe de ces établis-
sements qui lui manquent, de sa Cathédrale qui
réclame les plus grandes et les plus urgentes répa-
rations ; de son Palais Épiscopal qui est dans un état
complet de dégradation. Il travaille à dix projets
à la fois, et ces dix projets marchent de front.
On eût dit, à le voir, qu'il n'avait qu'une seule
chose en tête, et que cette unique chose allait
toujours au gré de ses désirs.

Son Grand Séminaire lui est rendu, et la même
année, et comme par enchantement, ce Séminaire
se remplit d'une foule de jeunes Lévites qui s'em-
pressent de venir se ranger sous la houlette de
leur premier Pasteur. La ville des Sables lui fait
des offres avantageuses, et de pressantes demandes

pour obtenir son Petit Séminaire. Il veut partager ses faveurs entre plusieurs villes de son Diocèse : Luçon aura l'Évêché, le Chapitre, le Grand Séminaire. C'est la ville épiscopale, la ville de son cœur et de ses affections ; elle doit être privilégiée. Les Sables auront son Petit Séminaire, et Fontenay un établissement qui se distingue par la haute capacité des Maîtres qu'il y envoie, en même tems qu'il l'environne de la plus tendre protection. Et puis déjà il avait donné une vie nouvelle à la Maison de Chavagnes, vieux souvenir de nos jeunes années : vieille maison renversée par la force brutale, et qui la première pourtant, dans toutes nos contrées, fut onverte à la jeunesse studieuse, et donna, chaque année à plus de trois cents élèves de la Vendée et des départements voisins, les premiers Maîtres qui pussent enseigner après les jours de nos malheurs.

Et pendant qu'il s'occupait de ces divers projets, il faisait autoriser ces travaux qui, commencés dans l'intérêt de la science, se continuaient dans celui des ouvriers de cette ville, et se terminaient en répandant l'aisance et le bonheur au sein de toutes les familles. C'est ainsi que pour sa Cathédrale, son Séminaire et son Palais Épiscopal il fit dépenser plus d'un demi-million auquel le plus grand nombre des habitants de cette cité furent appelés à prendre part.

Je vous l'ai déjà dit, M. F., tout était à créer dans l'administration diocésaine. Un Chapitre à fonder, des Vicaires-Généraux à choisir, un Secrétariat tout entier à monter; tout cela se fait en un moment. Le génie du Prélat prévoit tout, pourvoit à tout. Après quelques jours de repos commandé par la fatigue d'un long voyage, voilà que notre Évêque se met à l'œuvre : ses collaborateurs le secondent, et l'administration diocésaine est créée. Le choix des sujets dont il s'environne et qu'il nomme aux premiers emplois est fait avec un soin tout particulier; et ceux qui sont appelés aux premières places y montent presque tous avec l'approbation générale de leurs Confrères, toujours assez bons juges en pareille matière. On est étonné avec quelle rapidité se montent tous les rouages d'une administration nouvelle, et de la sagesse et de la fermeté avec laquelle elle marche.

Ah! M. F., c'est que l'habile administrateur

du diocèse de Poitiers, pendant la longue durée de la vacance du siége, nous était arrivé avec ses plans si habilement conçus, ses idées si claires et si précises, et l'expérience d'une administration de dix ans, qui ne permettaient pas la moindre hésitation dans la marche des affaires. Et pendant qu'il organise tout autour de lui, sa plume infatigable transmet d'un bout du diocèse à l'autre des décisions qui étonnent par leur lucidité et leur précision; des Mandements, des Lettres-Circulaires se succèdent rapidement, et portent en tout lieu les avis les plus sages, les conseils ou les exhortations les plus salutaires.

Son activité suffisait à tout. En s'occupant de l'administration spirituelle de son diocèse, comme si elle eût dû faire son unique soin, il entretenait avec le Gouvernement, avec les diverses Autorités de la Vendée une correspondance active qui avait pour résultat définitif, la réparation de quelques oublis et le redressement des torts qu'avaient éprouvés ses diocésains victimes, tour à tour, des réactions inséparables des troubles qui avaient désolé notre malheureux pays.

Ah ! que n'êtes-vous à ma place, vous tous

dont il appuya les droits , dont il se fit l'avocat et auxquels il procura ou un avancement justement mérité , ou une faveur à laquelle vous aviez des droits , ou une justice bien long-temps attendue ! Vous nous diriez tout ce qu'il y avait d'empressé dans son obligeance , et d'aimable dans son empressement. Aussi depuis son arrivée dans son diocèse , jusqu'à la veille de sa mort , il fut toujours à la disposition de tous ses enfants , de ceux même qui ne lui avaient pas toujours rendu la justice que méritaient si bien ses rares vertus et les éminentes qualités de son esprit et de son cœur.

Au milieu de ses travaux sans cesse renaissants , il trouvait encore le temps de s'occuper des enfants qu'il aimait d'un amour de prédilection , et pour le bien desquels aucun sacrifice ne lui coûtait. Il voulait , avant tout, que ces enfants fussent parfaitement instruits de leur religion , et que l'enseignement du catéchisme fût placé au premier rang des devoirs du maître et de la maîtresse d'école. La science du catéchisme lui paraissait si importante qu'il ordonna

4.

que les enfants de son diocèse le fréquentâssent deux ans encore après leur première communion.

Combien de fois l'avez-vous vu dans le cours de ses visites Pastorales, réunir au Presbytère les enfants des Ecoles, ou aller lui-même les visiter dans leurs classes, et là, engager ces combats de science sur le catéchisme, combats qu'il encourageait avec une bonté ravissante, et dont il récompensait les vainqueurs par quelques-uns de ces livres qu'il aimait à répandre, et qui sont conservés, dans les fermes et dans les hameaux, comme un souvenir de gloire, et un monument de la tendresse que le saint Prélat portait aux enfants !

Et vous, vénérables Pasteurs des âmes, qui êtes accourus de toutes les parties de ce diocèse désolé, pour assister à cette lugubre cérémonie, et pour payer votre dernier tribut de respect et d'amour au vénérable Evêque que nous pleurons avec vous ; perdrez-vous jamais le souvenir de cette douceur paternelle, de cette charité si aimable avec laquelle il vous recevait tous ? Chaque fois que des affaires vous appelaient au Palais Épiscopal , il était toujours visible pour vous. Ni ses occupations toujours si grandes , ni même ses indispositions occasionnées par ses fatigues , ne vous firent refuser , à vous qu'il aimait comme des frères , une audience dont vous aviez besoin pour vous consoler ou fortifier , ou pour les affaires de vos paroisses. Vous le trouviez toujours bon , sensible , généreux , disposé à entrer dans vos vues , et prêt à faire tous les sacrifices que vous demandiez à son zèle , ou à son amour pour ses diocésains.

Une des charges les plus importantes , entre toutes les charges confiées à l'Evêque , c'est , sans contredit, celle de la visite de son diocèse. C'est dans ces visites que le père se trouve au milieu de ses enfants , apprend à les connaître , et se fait connaître d'eux. C'est là qu'il confère , avec le Pasteur secondaire , sur les besoins spirituels et temporels d'une portion du troupeau ; apprend à connaître les vices ou les vertus qui dominent dans les diverses localités, et se trouve plus à même d'y apporter remède ou encouragement. C'est en paraissant au milieu des populations, qu'il dépouille , en quelque sorte, l'éclat divin qui l'environne dans nos magnifiques cérémonies , et qu'il se fait , en quelque façon , peuple avec le peuple , ou mieux encore père avec ses enfants. C'est enfin dans ces visites Pastorales , que l'E-vêque s'identifie , en quelque sorte , avec ses chers Coopérateurs , renoue ces liens d'un cha-rité qui ne peut mourir , et s'en revient avec une connaissance plus parfaite des maladies de son peuple , et des remèdes à employer pour sa guérison.

Ce devoir aussi pénible qu'il est important , vous savez tous , M. F. , avec quel empres-sement et quelle exactitude notre véné-rable Prélat s'en acquittait. Ils sont entre vos mains ces Mandements brûlants de zèle et de charité par lesquels il vous annonçait , chaque année , son passage sur une partie de son dio-cèse. Avec ce Mandement , monument éternel de sa tendresse pour les Prêtres et pour les fidèles , vous arrivait cet Itinéraire si précis , qui marquait à chaque paroisse le jour où il devait la visiter ; et Dieu sait , s'il manqua jamais une seule fois de se rendre au lieu et au jour qu'il avait désignés.

C'était surtout dans ces visites Pastorales qu'il prenait la matière de ces rapports intéressants qu'il adressait , tous les quatre ans , au Souverain Pontife , sur l'état de son diocèse. Car il faut que vous sachiez , pour votre édification , M. F. , que notre Evêque avait un respect tout filial pour notre Saint Père le Pape , et pour le Saint Siége dont les décisions étaient toujours reçues avec une profonde soumission , et suivies avec la plus religieuse obéissance. Ces rapports étaient presque tombés en désuétude dans les Eglises de France ; il eut la gloire de les faire revivre, en donnant un exemple qui a été généralement suivi.

Que vous dirai-je , M. F. , du bien immense que produisaient ces visites Pastorales ? Vous le savez comme moi , parce que , comme moi , vous en avez été les heureux témoins. Partout où il portait ses pas , les populations entières se pressaient sur son passage , et le saluaient par d'unanimes acclamations. Mais les préparatifs empressés du zèle , ces nombreuses cavalcades qui se portaient à sa rencontre , ces arcs de triomphe dressés en son honneur, ces chants qui exprimaient si

bien les sentiments des populations qu'il visitait,
toutes ces pompes improvisées par l'amour ne lui
allaient point au cœur, comme le retour d'un
pauvre pécheur qui venait les larmes aux yeux,
lui demander, à genoux, une bénédiction qui
console quand elle est donnée par la main de la
vieillesse et de la vertu. Chacune de ses visites
Pastorales rappelait au bercail quelques brebis
égarées, ou arrachait au schisme de la Petite
Eglise des chrétiens trompés par l'hypocrisie, ou
enchaînés à l'erreur par l'ignorance ou le respect humain. Aussi le nombre des Dissidents
s'est-il considérablement réduit depuis l'arrivée
de ce Prélat dans son diocèse.

Avec quelle joie ineffable ne bénissait-il pas
les petits enfants que des mères attendries jusqu'aux larmes présentaient sur leurs bras aux
bénédictions du vénérable Pontife ! Au sortir de
ces longues cérémonies de la Confirmation, alors
que tous le plaignaient de sa fatigue, et hâtaient
sa rentrée au Presbytère, pour qu'il y trouvât
le repos dont il avait si grand besoin ; lui, ou-
bliant ses fatigues et le poids de ses années, il nous
disait, avec un air de contentement qui rayon-

nait sur son visage et doublait ses forces : *Laissez
les petits enfants s'approcher de moi !* Il ne con-
sentait à se retirer que lorsque tous les petits
enfants avaient été bénis. C'est ainsi qu'il lais-
sait dans chaque famille un souvenir qui se con-
servera d'âge en âge , et qu'on aimera à rappeler
aux heureux enfants auxquels il donnait cette
marque d'une affection si tendre. Ils se la rap-
pelleront aussi avec reconnaissance ces enfants
devenus hommes et restés chrétiens , peut-être
par les effets de cette bénédiction salutaire.

Je ne vous ai point encore tout dit , M. F. ,
tant cette vie abonde en œuvres de gloire et de
mérites. Il ne me suffirait pas de vous dire que
chacune de ses journées , chacune de ses heures ,
chacun de ses moments étaient consacrés au bien
de son diocèse. Pasteurs et Fidèles , il s'occupait
sans cesse de ce qui pouvait améliorer votre sort,
ou vous faciliter la pratique des vertus chrétien-
nes. C'est pour vous , pauvres Prêtres , qu'il
établit cette caisse de secours , magnifique institution , fruit d'une grande et charitable pensée ,
et qui seule suffirait pour illustrer la vie d'un
Evêque. Le cœur du nôtre avait été profondé-

ment affligé , en pensant que le **Prêtre** seul , dans l'état , ne pouvait compter sur une faible retraite qui mît ses derniers jours à l'abri du besoin , et lui assurât , dans sa vieillesse , le morceau de pain qu'il avait si souvent partagé pendant ses jours de peine et de travail avec le pauvre et l'indigent. Le **Prêtre** , en effet , le pauvre **Curé** de campagne que le devoir condamne à porter le poids de la chaleur et du jour , à vivre au milieu de populations pauvres , comme lui , et qui n'ont que le **Presbytère** dont la porte s'ouvre le jour et la nuit , aux cris de l'indigence ; le **Prêtre** , le modeste **Desservant** dont une moitié de la vie se passe à faire l'aumône , et l'autre moitié à vivre de privations et de sacrifices , devait intéresser au plus haut degré, le cœur d'un **Prélat** aussi sensible et aussi généreux que celui que nous pleurons. Il conçut ce plan admirable d'une caisse de secours qui pût venir en aide au **Prêtre** usé par le travail ou par la maladie , et qui se trouverait dans l'impossibilité d'occuper un poste où ses forces trahiraient son courage et son zèle. C'est à tous qu'il s'adressa dans l'intérêt de tous. Vous comprîtes cette noble et généreuse pensée , mes vénérables Frères dans le Sacerdoce, et vos souscriptions si largement, si fidèlement versées, vinrent fonder cette caisse, monument de sagesse et d'amour, et la maintiennent toujours, dans un état de prospérité qui a dépassé toutes nos espérances et toutes nos prévisions. Honneur à l'Évêque qui connaît si bien le cœur de ses Prêtres ! Mais honneur aussi aux Prêtres qui saisissent avec tant de joie et d'empressement la pensée de leur Evêque ! A lui et à vous ont été promises toutes les bénédictions que Dieu donne si libéralement aux œuvres de la charité. Nous pouvons tous garder pour chacun de nous cette pensée qui console pour toute la vie : grâce à mon Evêque, grâce à mes Confrères, je puis attendre la vieillesse et les infirmités, sans aucune crainte, sans aucune inquiétude.

C'est ici, M. F., que je devrais terminer cette oraison funèbre ! Mais malgré mon vif désir d'être court, il m'est impossible de ne pas citer à la gloire de l'Illustre défunt, ces paroisses si long-temps abandonnées, et maintenant pourvues de Pasteurs zélés et fervents qui les *paissent du pain de la science divine et de la saine doctrine.* Il faut que je vous dise ces pauvres communes qu'il a fait ériger en succursales et qui lui doivent ces saints Prêtres, qui sont, au milieu d'elles, un témoignage vivant de l'amour de leur premier Pasteur. C'est lui qui rétablit, dans ce diocèse, les Conférences Ecclésiastiques, saintes et instructives réunions, où la science de notre saint état est appréciée, méditée, approfondie, et où les bons conseils et les saints exemples affermissent les faibles et confirment ceux qui sont forts. C'est lui qui a ramené parmi nous ces Retraites Sacerdotales où le Clergé de ce diocèse, vient, chaque année, se retremper dans la méditation des devoirs et des vertus de sa divine vocation. C'est lui qui dans l'intérêt de ses Prêtres, a formé cette modeste société de Prêtres auxiliaires qui sont toujours prêts, à la voix de l'autorité, à se transporter d'un bout du diocèse à l'autre, partout où leur présence peut soulager un Confrère malade et surchargé, ou évangéliser des paroisses abandonnées. C'est lui qui a établi, dans plusieurs de nos villes, ces dignes Frères de la Doctrine Chrétienne, vrais amis des enfants dont ils sont moins les maîtres que les pères tendres et dévoués. C'est lui enfin , qui par son concours toujours si puissant, et toujours si éclairé , a multiplié , dans ce diocèse, ces pieuses institutrices que la Religion forma à l'ombre de l'autel ,. et qui , pleines de science et de vertus, tiennent dans vos villes de nombreux et brillants pensionnats , tout en gardant pour elles cette sévère austérité qu'impose l'état religieux, et qui , dans vos campagnes, ouvrent, à toutes les jeunes personnes de leur sexe , la porte d'une modeste école où elles enseignent à lire , à travailler , à prier. C'est dans ces divers asyles que se forment , dans toutes les classes de la société , ces femmes remarquables qui sont l'honneur de leur sexe et la gloire de la Religion. La pauvre Religieuse les enrichit du trésor de ses vertus , et les relève et les soutient par l'espérance du ciel qui doit être leur récompense commune.

Pouvions-nous penser , M. F. , qu'une telle vie pût se terminer sitôt , et que nous fussions obligés de pleurer si vite la mort d'un tel Évêque , que chacun de nous eût voulu éloigner au prix des plus grands sacrifices? Il en est ainsi pourtant , et je n'ai plus qu'à vous dire en deux mots sa maladie si prompte et sa fin si voisine du commencement de sa maladie. C'est dans l'église de St.-Benoît, paroisse de la Jonchère, qu'il a dit sa dernière messe, et donné pour la dernière fois le Sacrement de la Confirmation, le Dimanche, 20 Avril. Il était à son début de cette longue visite Pastorale qui embrassait l'arrondissement des Sables-d'Olonne dans toute son étendue. Heureux habitants de la Jonchère ! c'est à vous qu'il a été donné de recevoir la dernière visite, la dernière faveur, la dernière bénédiction de votre saint Évêque ! Gardez — en le souvenir à jamais ! Vous pourrez, vous devrez dire toujours, c'est au milieu de nous qu'il a été frappé ! Nous l'avons presque vu mourir entre nos bras, au milieu des fatigues d'un Apostolat qu'une pareille mort devait couronner. Brave et intrépide au delà de tout ce qu'on peut dire, il est tombé sur le champ de bataille, et a été presqu'enseveli dans l'exercice de son glorieux ministère. Quinze jours de maladie seulement ! Et malgré les soins empressés et intelligents qui lui furent prodigués, malgré les efforts inouis de la science la plus éclairée et du dévouement le plus affectueux, rien n'a pu retarder le départ de cette belle âme pour le ciel, où elle semblait avoir hâte d'arriver. Merci à vous, médecins habiles et dévoués! Vous avez fait tout ce qu'il était possible humainement de faire! Je m'étais promis de vous exprimer ma reconnaissance et celle de tout le clergé de ce beau diocèse : je trouve occasion de le faire aujourd'hui, je la saisis avec empressement; soyez donc remerciés par nous tous, bénis et récompensés par Dieu !

Quinze jours de maladie supportée avec une douceur et une résignation qui ne se sont pas démenties un seul instant, ont achevé, nous l'espérons du moins, de purifier cette âme déjà si belle et si riche de bonnes œuvres et de vertus. Les dernières paroles adressées à son Chapitre et à son Séminaire au moment solennel où il allait recevoir le Saint Viatique furent dignes de toute sa vie : « Je demande pardon à tous « ceux que j'aurais pu offenser ! Je pardonne à « mes ennemis, si j'en ai ; pour moi, je n'en « ai jamais voulu à personne. Et si, comme « je l'espère, je trouve grâce au jugement de « Dieu, je ne vous oublierai point. »

Ah ! partez , partez en assurance , digne Père ,
Pontife saint ! Partez ! ces dernières paroles nous
ont révélé vos sublimes vertus , votre âme tout
entière ; elles vous auront ouvert les portes du ciel.
Il est mort, en effet, M. F. , mort comme il avait
vécu, avec cette foi vive et éclairée qu'il sut défendre
avec un si noble courage aux jours de l'épreuve, et
qui le soutint jusqu'au moment où il remit tranquil-
lement son âme à Dieu , le lundi , 5 mai , sur
les sept heures du matin , dans la soixante-
dix–huitième année de son âge.

Et le voilà , M. F. , tel qu'il fut , pendant
toute sa vie , ce vénérable Prélat qui emporte
avec lui , une affection si justement méritée ,
et des regrets qui ne doivent point finir. Et
cependant ses vertus si brillantes , si généralement connues et appréciées , n'ont pas toujours
obtenu la justice qu'elles méritaient. Sa conduite
privée aussi bien que sa vie publique ont été
jugées quelquefois avec une sévérité qui mé-
riterait , peut-être , un autre nom. Les hommes
à préjugés n'étudient point à fond les matières des
jugements qu'ils prononcent. Les apparences , si
trompeuses d'ordinaire, décident souvent, et de nos

jours , plus que jamais , de l'éloge et du blâme qu'on distribue sans justice et bien souvent sans raison.

La position élevée de Monseigneur l'Évêque de Luçon devait l'exposer plus que personne aux amertumes de la critique et à la censure des mauvaises passions. La calomnie , cette dernière ressource d'un cœur dévoré par l'orgueil et la jalousie , devait nécessairement chercher à ternir la gloire d'une vie si belle. Cette ennemie jurée du repos et du bonheur des hommes est assise à la porte de chacun de nous. Elle veille sans repos sur sa victime , et lui lance , à la première occasion favorable , le noir venin dont son cœur est rempli.

Avec des hommes comme celui que nous pleurons , M. F. , la calomnie n'a rien à faire. Ils se réfugient dans leur innocence et laissent dire. Le mensonge n'a qu'un temps , la vérité se fait jour tôt ou tard. La honte de l'imposture revient tout entière au calomniateur ; à ses victimes la gloire d'avoir souffert et pardonné.

Sa vie publique , nous vous l'avouerons , M.

F. , a pu fournir des prétextes à quelques pré-
ventions fâcheuses. C'est un aveu qui ne me
coûtera ni en présence de cette tombe , ni en
face de la nombreuse assemblée qui m'écoute.
Oui , on crut avoir des reproches à faire à sa
vie publique ; et malgré l'extrême embarras de
ma position , je manquerais à sa mémoire , je me
manquerais à moi-même , qui fus le confident
de ses peines et de ses chagrins , si je n'abordais
pas franchement ces reproches.

Vous le savez comme moi , M. F. , toujours
fidèle aux enseignements de toute sa vie , cons-
tant et inébranlable dans les principes qu'il avait,
pour ainsi dire , sucés avec le lait , il conserva
toujours dans son cœur un attachement inalté-
rable pour un ordre de choses qui n'est plus.
Les opinions ne sont point des crimes , c'est une
propriété que nous sommes convenus de respecter
dans les autres , comme les autres doivent la
respecter en nous. L'homme à convictions fortes
et généreuses , à quelque parti qu'il appartienne ,
ne change pas sa couleur du jour au lendemain.
La fixité de ses principes politiques devait faire
la gloire du Prélat , dans un temps comme le

nôtre surtout , où le cynisme des apostasies a soulevé tant de blâmes et tant de mépris si justement mérités.

Je ne me dissimule pas , M. F. , que dans la Vendée , où les opinions sont si fortement tranchées , il faut au Prêtre , à l'Evêque principalement , une prudence et une charité au-dessus de toute expression pour ménager tant de susceptibilités opposées; mais il m'est impossible de comprendre pourquoi on ne veut pas tenir compte à chacun de sa position particulière. L'Evêque de Luçon , aussi remarquable par l'étendue de ses lumières , que par son dévouement sans bornes à la Monarchie, dut paraître l'homme indispensable, l'homme nécessaire pour faire arriver à la Chambre des Députés des hommes fidèles et dévoués tels qu'on les désirait dans l'intérêt de l'État.

Le Gouvernement voulut mettre à profit l'influence du Prélat , et le jeta , malgré lui, dans les luttes électorales , luttes malheureuses dans lesquelles les passions s'embrâsent au frottement des opinions politiques. Les ordres qui lui furent donnés triomphèrent de ses répugnances ; et si

6.

ses adversaires politiques trouvèrent une faute
dans son obéissance , ils devaient en trouver
l'excuse dans les ordres que le Gouvernement
lui avait si malheureusement donnés. Ses fautes
disons-le , furent celles de sa position ; son cœur
fut toujours celui d'un Père pour tous ses diocésains,
sans distinction de personnes , ni de partis.

En 1830 , l'Evêque de Luçon fut une des
premières victimes de la réaction de cette époque.
Cela devait être ; on avait voulu lui trouver des
torts , il fallait les lui faire expier. On lui sus-
cita mille tracasseries et des embarras sans fin. Ses
Prêtres furent dénoncés sur les prétextes les plus
frivoles ; on lui demanda le changement de plusieurs de ses Curés. C'était le prendre par son sensible ; on le savait, on n'y fit pas défaut. On lui pro-
posa à lui-même son propre exil. La force de son
caractère et son droit à partager la liberté commune , lui donnèrent gain de cause. Il défendit
courageusement ses Prêtres , se justifia lui-même
et demeura inébranlable au milieu des coups
qu'on lui portait et qui ne purent arriver jusqu'à lui. On l'accusa de désirer la guérre civile
et de soudoyer la révolte : son cœur s'en in-
digna , et un sourire de pitié fut la seule ven-

geance qu'il voulut tirer de cette affreuse calomnie. Il se montra , au milieu de ces épreuves , toujours calme , toujours digne de lui-même. Il voulait la paix et la soumission aux lois : on n'a jamais pu le trouver en défaut sur ce point. Ses Mandements , ses Lettres Pastorales , ses discours publics ou particuliers, soit à ses Prêtres , soit à ses fidèles , ses enseignements dans le cours de ses visites Pastorales , tout était en faveur de la paix , de la tranquillité et de l'ordre.

Ainsi l'ont jugé le Prince qui nous gouverne et ses Ministres qui ont rendu , bien des fois, un hommage éclatant à sa haute sagesse et à la rare prudence de son administration. Ainsi l'ont jugé les Autorités civiles et militaires avec lesquelles il a eu des rapports , et en particulier le général Lamarque , dont le témoignage ne doit pas être suspect en pareille matière. Ainsi l'ont jugé tous ceux qui l'ont abordé sans défiance , ou écouté sans prévention. Ainsi l'avons-nous jugé nous-mêmes , nous ses confidents , ses amis dévoués. Ses paroles et ses actions ont toujours été celles d'un Evêque qui fut le Père de tous ses diocésains, et qui n'eut qu'un désir , celui de les sauver tous.

Pardon, Pontife vénérable, qui me regardez du haut du ciel, et qui prenez en pitié la peine que je me donne pour vous représenter tel que je vous ai toujours connu, tel que vous avez toujours été vous-même. Les passions politiques se sont tues sur cette tombe entr'ouverte où nous versons aujourd'hui nos larmes et nos prières.

Tous les partis vous rendent justice en ce moment : vous avez été l'homme de Dieu et de vos Frères ; vous avez été un digne et grand Evêque ! Les pauvres vous ont accompagné de leurs pleurs et de leurs prières au jour de vos funérailles ! Des mères infortunées dont vous aviez protégé les enfants, célébraient vos aumônes si abondantes et toujours faites avec une grâce qui en doublait le prix ! Vos jeunes Séminaristes pleuraient sur vos restes précieux, et méditaient dans leur cœur vos saintes leçons et vos admirables exemples ! Vos Prêtres se souvenaient de vos bontés pour eux ainsi que de vos vertus, et se promettaient de redire souvent à leurs peuples votre amour pour tout le troupeau ! Les premiers Magistrats de ce département et de cette ville, ainsi que nos braves Guerriers inclinaient

leurs têtes et leurs armes devant vos restes
vénérés ! Trois de vos dignes Collègues dans
l'Episcopat étaient venus s'associer à notre deuil
et à nos larmes. C'en est plus qu'il n'en faut
pour dissiper à jamais les préjugés et les pré-
ventions. L'histoire est venue pour vous , elle
vous rendra belle et éclatante justice !

Agréez , vénérable Pontife , les accents d'une
voix que vous aimiez quelquefois à entendre , et
qui a eu la hardiesse d'entreprendre de raconter
vos œuvres si belles au milieu d'une assemblée si
imposante et si respectable. Un autre eût dit
mille fois mieux que moi ; ce n'est que sous le
rapport du dévouement et de l'amour que j'en-
tends ne le céder à personne. En retour d'un
attachement si respectueux et si vrai , je n'ai
qu'une seule grâce à vous demander , vous
ne la refuserez pas à ma tendresse. Tant de fois
vous m'avez béni lorsque vous me chargiez d'an-
noncer la parole sainte à votre peuple : du haut
du ciel , où j'aime à vous contempler , bénissez-
moi dans ce jour, d'une bénédiction toute paternelle et toute divine ! Bénissez avec moi ce
Chapitre vénérable qui vous fut si cher , tous ces

Prêtres qui sont vos enfants et mes frères ! Bénissez ces dignes Magistrats qui se pressent autour de ce monument funèbre ! Bénissez tous vos diocésains dans la personne de ceux qui sont réunis dans cette enceinte !

Et vous , vénérable Prélat , qui avez interrompu le cours de vos visites Pastorales pour venir prier et pleurer avec nous, vous qui venez d'offrir le saint sacrifice de la Messe pour le repos éternel du saint Pontife enlevé trop tôt à son diocèse inconsolable ; achevez les derniers vœux, les dernières supplications de l'Eglise ! Demandez au nom de tous grâce et miséricorde pour lui ! Demandez en même temps pour nous les effusions de l'esprit d'amour qui nous unisse à jamais dans les saints projets d'une vie toute sacerdotale , et nous maintienne dans le désir ardent du bonheur du ciel où nous retrouverons le digne Evêque que nous avons tant aimé sur la terre !

Ainsi soit-il !

Fontenay , Imprimerie de GAUDIN FILS.